DER PUNKT

.

PEACE, LOVE, TRUTH & INSPIRATION

Bibliografische Information der Deutschen Nationalbibliothek: Die Deutsche Nationalbibliothek verzeichnet diese Publikation in der Deutschen Nationalbibliografie; detaillierte bibliografische Daten sind im Internet über dnb.dnb.de abrufbar.

Copyright dieser Ausgabe © 2020 Caroline Stern
1. Auflage 2020
All rights reserved. Alle Rechte vorbehalten.
Kein Teil des Werkes darf in irgendeiner Form (durch Fotografie, Mikrofilm oder ein anderes Verfahren) ohne schriftliche Genehmigung des Verlages reproduziert oder unter Verwendung elektronischer Systeme verarbeitet, vervielfältigt oder verbreitet werden.
Lektorat, Korrektorat: Sophie Werner, Berlin.
Covergestaltung: Caroline Stern, Berlin.
Herstellung und Verlag: BoD — Books on Demand, Norderstedt.
www.bod.de
ISBN: 978-3-743-11419-7